Lección 1

1 ▸ Lee y copia:

da de di do uu

da

ha he hi ho hu

ha

2 ▸ Une cada dibujo con su nombre:

dedo

hueso

hilo

dado

hada

día

humo

dátil

hielo

helado

3 ▸ **Escribe el nombre de los dibujos:**

 ______ 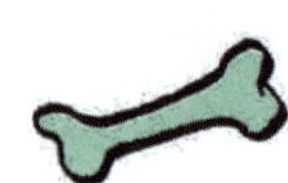 ______  ______ 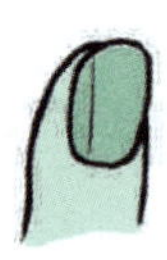 ______

 ______  ______  ______  ______

4 ▸ **Coloca la letra que falta en cada palabra:**

d__ele, hi__lo, h__ele, dam__, d__til

h__mo, dad__, h__da, mud__, ded__

5 ▸ **Completa las palabras:**

hu → eso ______ / mo ______ / ele ______

da → ma ______ / til ______ / do ______

hi → elo ______ / lo ______ / po ______

6 ▸ **Forma palabras con la última sílaba de la palabra anterior:**

hada, da____, ______, ______, ______, ______

7 ▸ **Dibuja lo que lees:**

hueso	dado	humo	dedo

dátil	helado	hilo	hada

8 ▸ **Completa las frases sustituyendo los dibujos por su nombre:**

Ato el al

Ese me dolía el

Dale el a la mamá

9 ▶ Completa cada frase con una de las palabras del recuadro:

Me duele este dedo

Ata ese ______

Pesa los ______

dedo
dátiles
hilo

10 ▶ Lee, copia y dibuja:

La tele está en la mesa

______

El hada le da el dado

______

Pepe pesa los dátiles

______

11 **Ordena las palabras para formar una frase:**

da hilo Pepe el me

humo Ese sale

12 **Forma palabras nuevas:**

d d d

h h h

d d d

h h h

d d d

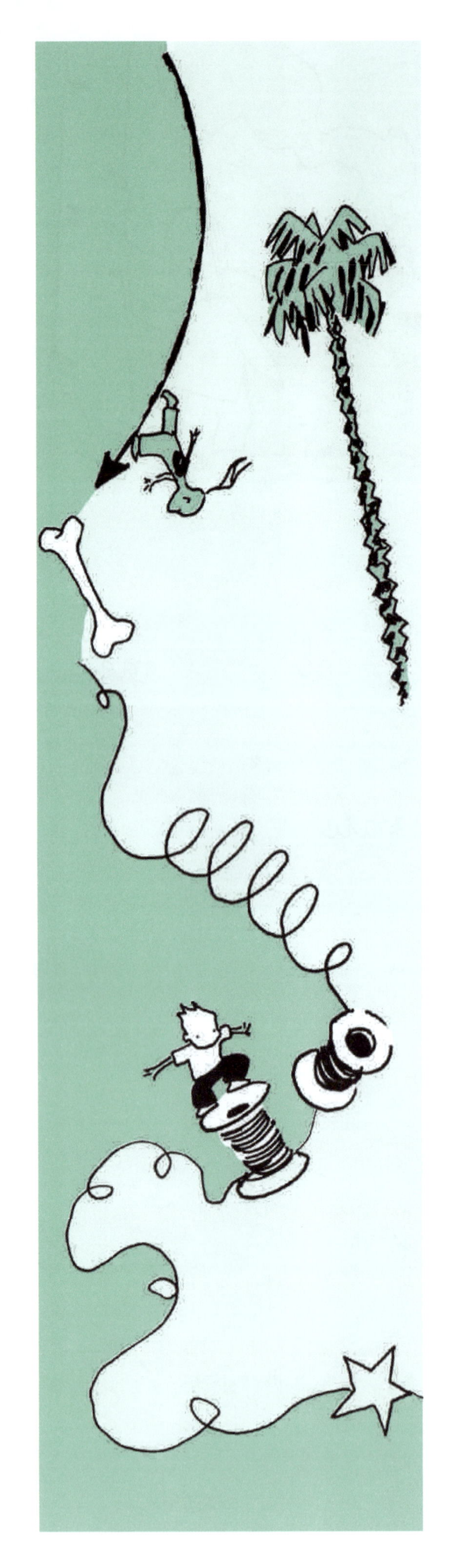

13 ▸ Contesta SÍ o NO:

El hueso — sí

El dátil

El dado

El hada

14 ▸ Une y dibuja:

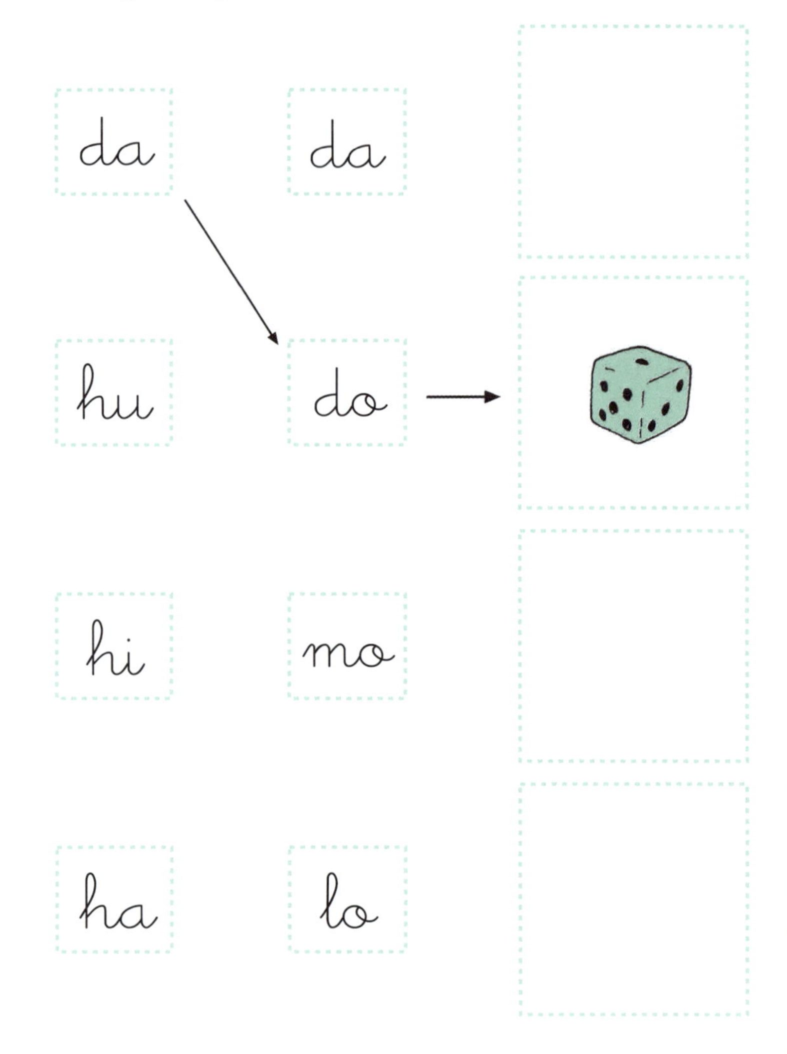

da	da
hu	do
hi	mo
ha	lo

Lección 2

1 ▶ **Lee y copia:**

na ne ni no nu

na

an en in on un

an

ña ñe ñi ño ñu

ña

2 ▶ **Une cada dibujo con su nombre:**

mono

uña

mano

niña

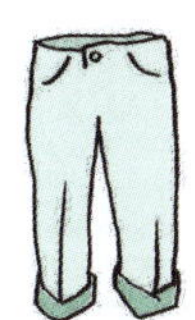

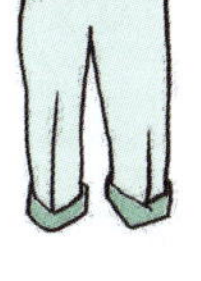

indio

pantalón

nudo

nido

3 ▶ **Escribe el nombre de los dibujos:**

 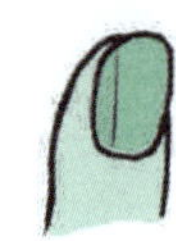  

4 ▶ **Coloca la letra que falta en cada palabra:**

m__ño, n__ña, __ña, n__do, ind__o

p__ña, leñ__, p__ntalón, dueñ__, sueñ__

5 ▶ **Completa las palabras:**

mo → no ______
mo → ño ______
mo → to ______

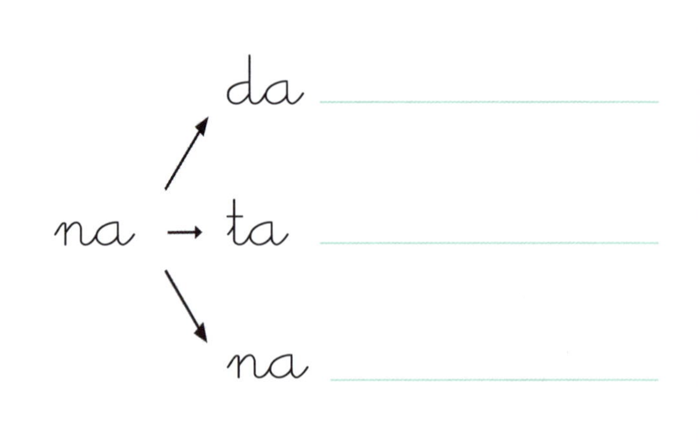

6 **Forma una palabra que comience por la última sílaba de la palabra anterior:**

nena, na ____________, ____________, ____________

____________, ____________, ____________, ____________

7 **Dibuja lo que lees:**

pantalón	nudo	uña	piña

niño	indio	mono	niña

8 **Completa las frases sustituyendo los dibujos por su nombre:**

La tiene un

Me duele la de esta

Ese tienen dos

9 **Completa cada frase con una de las palabras del recuadro:**

Ató un ______ al dedo

Tiene un ______ en el pelo

El ______ dio un salto

mono
nudo
moño

10 **Lee, copia y dibuja:**

Ese indio tiene un pantalón

El niño da la mano al mono

11 **Ordena las palabras para formar una frase:**

La dio me piña niña una

nada tele No en la sale

12 **Escribe palabras nuevas:**

n ______ n ______ n ______

______ n ______ ______ n ______ ______ n ______

______ ñ ______ ______ ñ ______ ______ ñ ______

______ ñ ______ ______ ñ ______ ______ ñ ______

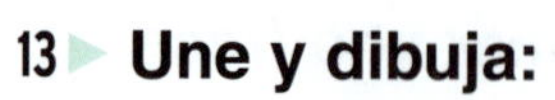

13 **Une y dibuja:**

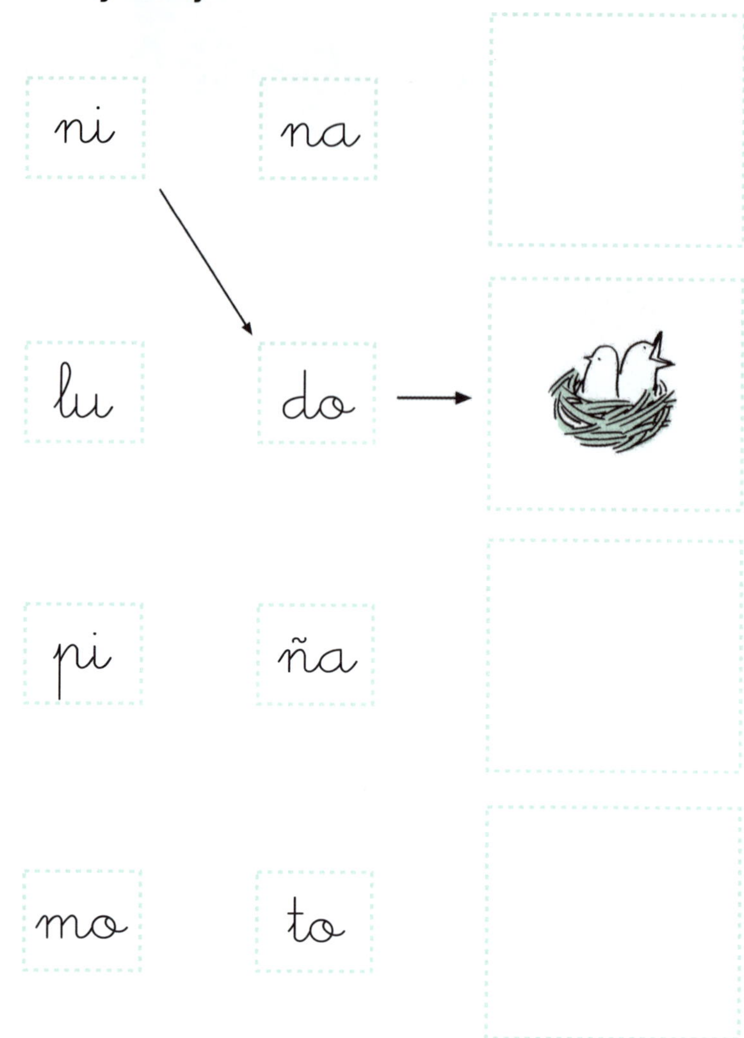

14 **Contesta SÍ o NO:**

Es una uña — sí

Es un niño

Es un mono

Es un nido

1 ▸ **Lee y copia:**

ba be bi bo bu

ba

va ve vi vo vu

va

2 ▸ **Une cada dibujo con su nombre:**

 boina

 vaso

 bota

 balón

 vino

 avión

 vela

 bote

 abuelo

 huevo

 bola

 botón

3 Escribe el nombre de los dibujos:

_______ _______ _______ _______

4 Coloca la letra que falta en cada palabra:

b__te, v__la, v__so, hu__vo, bo__na

5 Completa las palabras:

ba → ta _______
ba → la _______
ba → te _______

vi → no _______
vi → sita _______
vi → ena _______

6 Dibuja lo que lees:

huevo | vaso | abuelo | boina

7 Forma palabras con la última sílaba de la palabra anterior:

bota, tapa, ____________, ____________, ____________, ____________

8 Completa las frases sustituyendo los dibujos por su nombre:

El [dibujo] bebe en el [dibujo]

____

Benito pone la [dibujo] en el [dibujo]

____

9 Completa cada frase con una de las palabras del recuadro:

A la ____________ le duele todo

Ese ____________ vuela alto

Se me ____________ el papel

voló
abuela
avión

10 Lee, copia y dibuja:

La niña se pone un vestido

____

David está botando la pelota

____

11 **Ordena las palabras para formar una frase:**

autobús Ese no viene aún

Al se abuelo voló la boina le

12 **Escribe palabras nuevas:**

v_____ v_____ v_____

_____v_____ _____v_____ _____v_____

b_____ b_____ b_____

_____b_____ _____b_____ _____b_____

13 Une y dibuja:

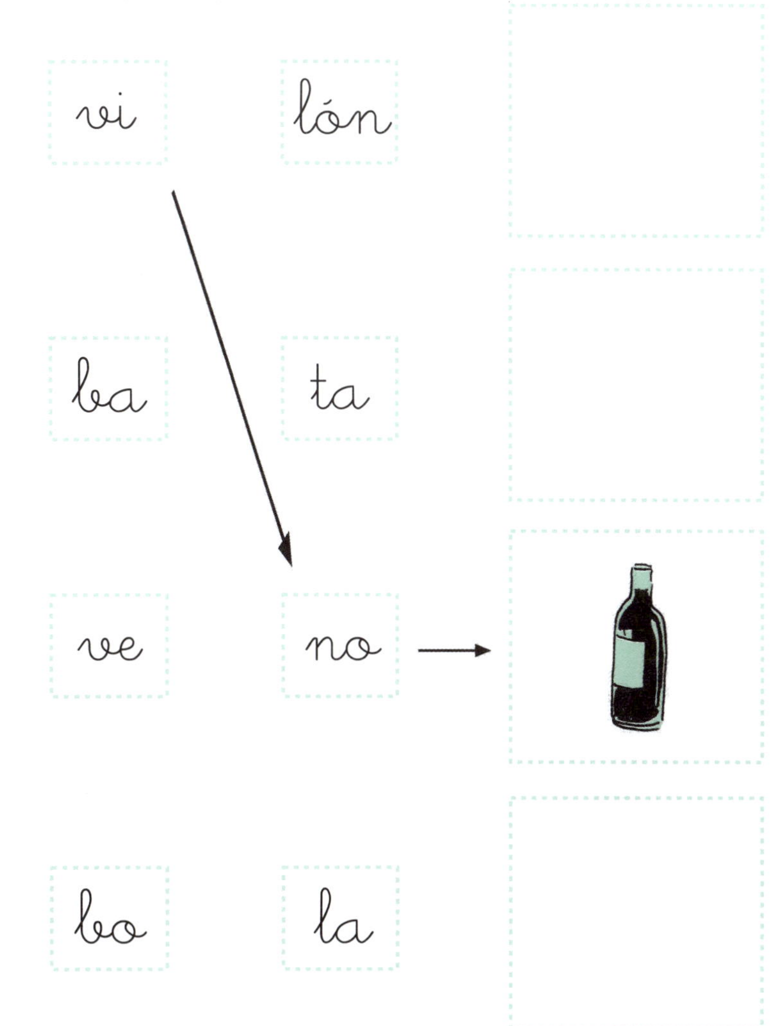

14 Contesta SÍ o NO:

1 ▸ Pon las letras que faltan:

d__ma, bod__, p__ña, b__te, b__mbón

h__popótamo, viol__n, diam__nte, h__tel

2 ▸ Une cada dibujo con su nombre:

3 ▸ Completa las palabras poniendo "do" o "di":

ni____, de____, ____n, asa____, ____nero

sala____, ____ana, ____ente, hela____, ____a

4 ▸ **Completa las frases con las letras que faltan:**

El n__d__ d__ l__ p__l__m__

L__ p__l__t__ está __l l__d__ de l__ m__s__

5 ▸ **Escribe el nombre de cada cosa:**

9

__________ __________ __________ __________

6 ▸ **Completa cada frase con una de las palabras del recuadro:**

La __________ es de mi amigo Pepe

Este es el __________ de la paloma

El niño come __________

patata
pelota
nido

7 ▸ **Contesta SÍ o NO:**

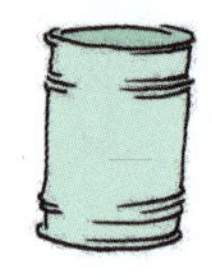
Es una piña — no

Es un violín 

Un diamante

Es un batido 

Es un hada 

8 ▸ **Pon las vocales que faltan:**

Al n_ñ_ le du_le un di_ _nt_

El h_l_d_ d_ Pep_

Veo un h_p_p_t_m_

ABECEDARIO

a	b	c	d	e	f	g	h	i	j	k	l	m	n
A	B	C	D	E	F	G	H	I	J	K	L	M	N
ñ	o	p	q	r	s	t	u	v	w	x	y	z	
Ñ	O	P	Q	R	S	T	U	V	W	X	Y	Z	